I0796318

El Capitolio
Los símbolos estadounidenses
Aaron Carr
LIGHTBOX
openlightbox.com

LIGHTBOX

Entre a
www.openlightbox.com
e ingrese el código único
de este libro.

CÓDIGO DE ACCESO

LBU52259

Lightbox es una completa solución digital para enseñar y aprender temas curriculares de una manera original e innovadora. Lightbox se basa en las Normas Curriculares Nacionales.

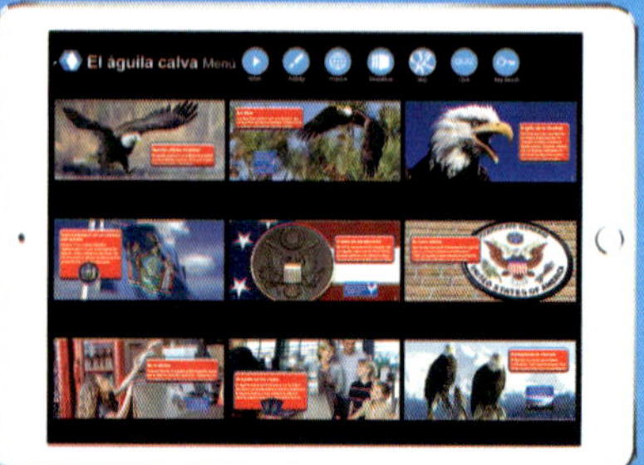

OPTIMIZADO PARA
- ✓ **TABLETAS**
- ✓ **PIZARRAS ELECTRÓNICAS**
- ✓ **COMPUTADORAS**
- ✓ **¡Y MUCHO MÁS!**

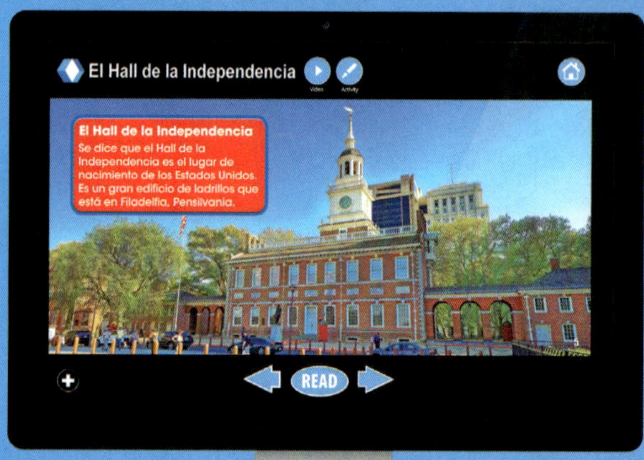

CARACTERÍSTICAS ESTÁNDAR DE LIGHTBOX

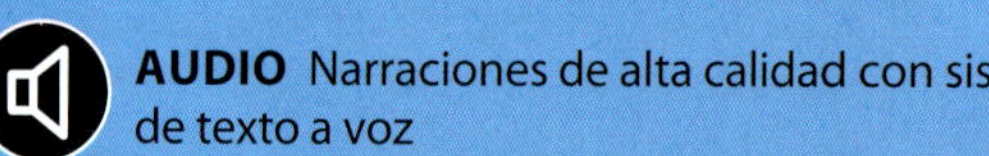

AUDIO Narraciones de alta calidad con sistema de texto a voz

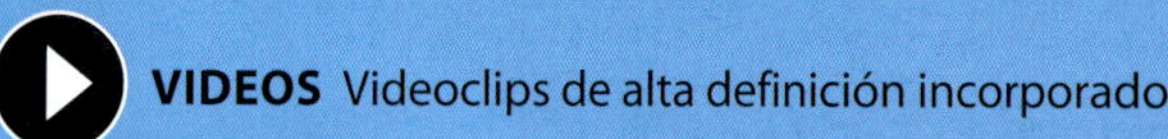

VIDEOS Videoclips de alta definición incorporados

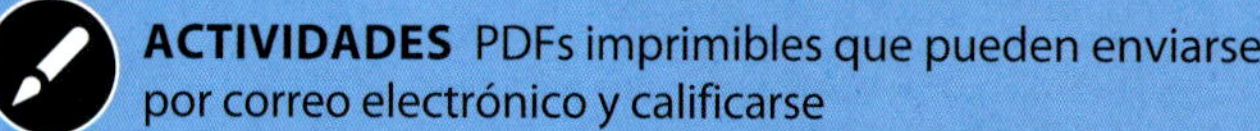

ACTIVIDADES PDFs imprimibles que pueden enviarse por correo electrónico y calificarse

ENLACES WEB Enlaces cuidadosamente seleccionados con recursos seguros para niños

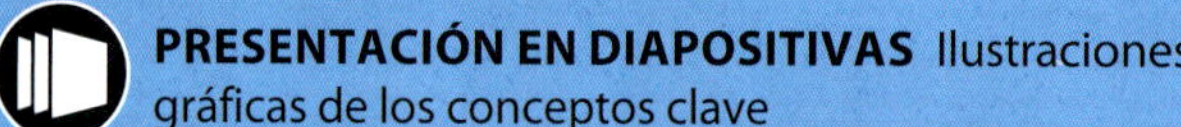

PRESENTACIÓN EN DIAPOSITIVAS Ilustraciones gráficas de los conceptos clave

MAPAS INTERACTIVOS Mapas interactivos e imágenes satelitales aéreas

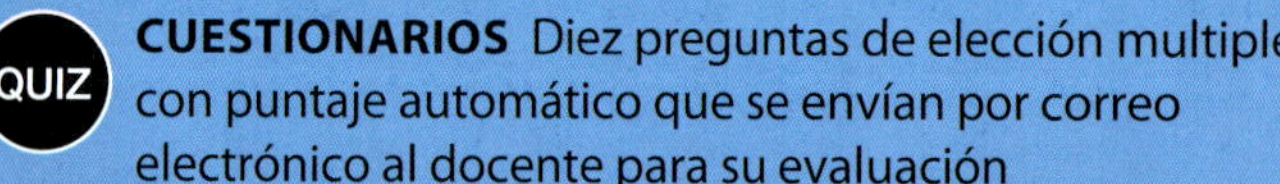

CUESTIONARIOS Diez preguntas de elección multiple con puntaje automático que se envían por correo electrónico al docente para su evaluación

PALABRAS CLAVE Combinación de los conceptos clave con sus definiciones

VIDEOS

ENLACES WEB

PRESENTACIÓN EN DIAPOSITIVAS

CUESTIONARIOS

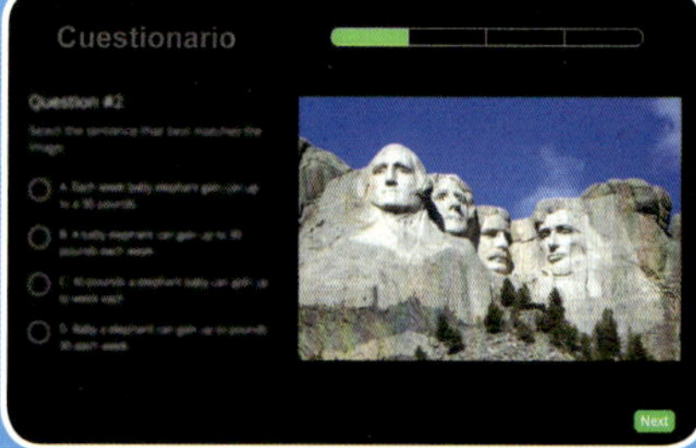

El Capitolio

Contenidos

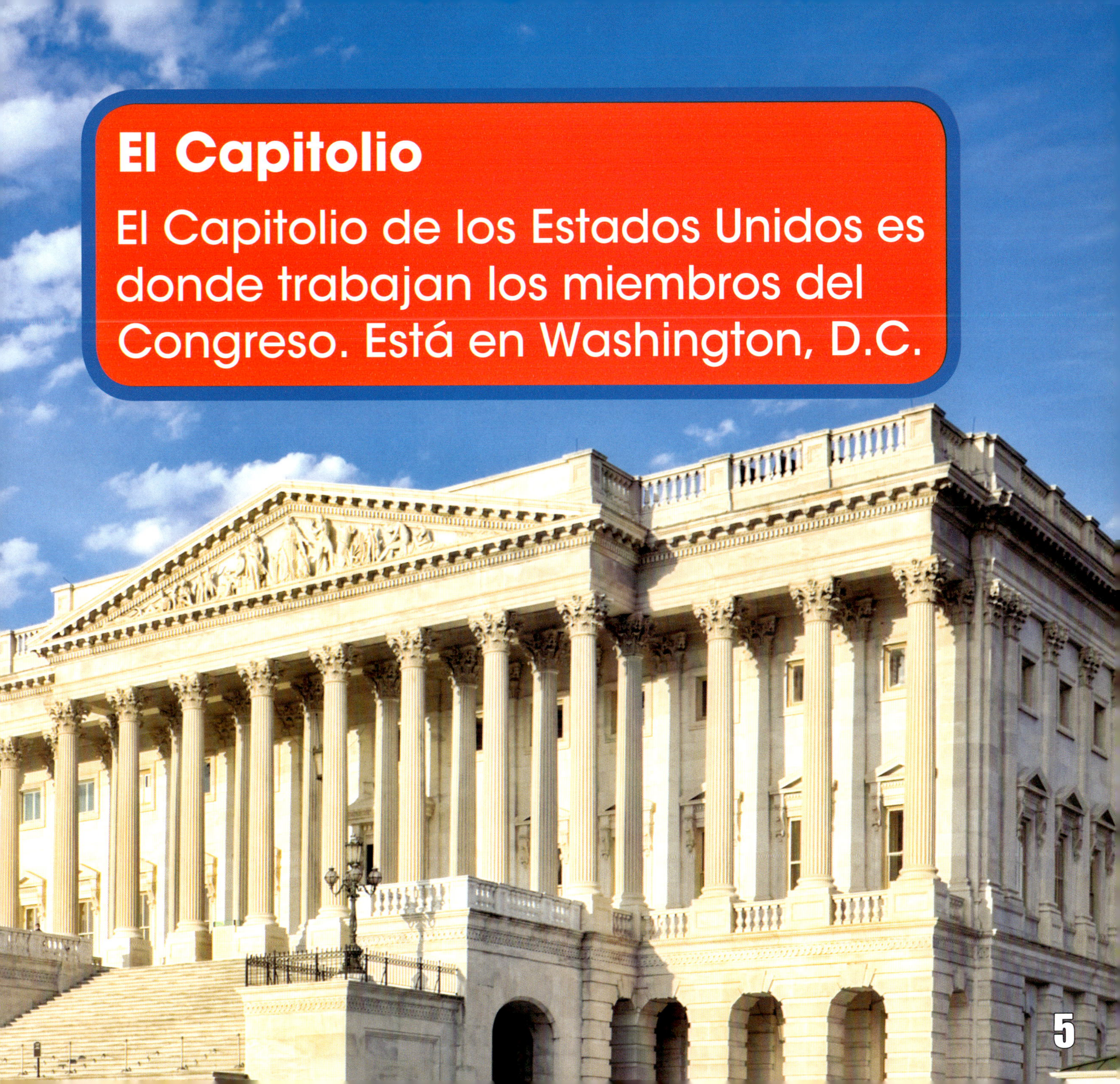

El Capitolio

El Capitolio de los Estados Unidos es donde trabajan los miembros del Congreso. Está en Washington, D.C.

Un símbolo del gobierno

El Congreso se ha reunido en el Capitolio por más de 200 años. El edificio se ha convertido en un símbolo del gobierno estadounidense.

La ubicación del Capitolio

Los líderes del país necesitaban un lugar donde reunirse. El edificio del Capitolio debía estar en lo alto de una colina mirando a la ciudad de Washington.

El Capitolio se encuentra en el **extremo este** de la **Explanada Nacional de Washington**.

La planificación del Capitolio

Se realizó un concurso para elegir un diseño para el Capitolio. El concurso lo ganó un hombre llamado William Thornton. Su diseño mostraba un edificio alargado con una cúpula en el medio.

William Thornton
recibió **$500**
por diseñar
el Capitolio.

El comienzo de la construcción

El Capitolio se comenzó a construir en 1793. El presidente George Washington colocó la primera piedra.

El incendio

El ejército británico incendió el Capitolio durante la Guerra de 1812. La lluvia apagó el fuego antes de que destruyera todo el edificio.

La reparación del Capitolio

Los arreglos del Capitolio comenzaron en 1815 y finalizaron en 1829.

La nueva cúpula

En 1851 comenzaron los trabajos para agrandar el Capitolio. Más tarde se le agregó una nueva cúpula al edificio.

La **nueva cúpula** se construyó con más de **8,9 millones** de libras de hierro.

El Capitolio hoy

Millones de personas visitan el Capitolio todos los años. Vienen a ver cómo trabaja el gobierno.

El Centro de Visitantes del Capitolio, de **580.000** pies cuadrados, fue **construido en 2008**.

DATOS SOBRE EL CAPITOLIO

Estas páginas contienen más detalles sobre los interesantes datos de este libro. Están dirigidas a los adultos para que ayuden a los jóvenes lectores a redondear sus conocimientos sobre cada símbolo nacional presentado en la serie *Los símbolos estadounidenses.*

Páginas 4–5

El Capitolio. El Capitolio de los Estados Unidos es el lugar de trabajo del Congreso estadounidense. El edificio tiene cámaras para el Senado, de un lado, y cámaras para los Representantes, del otro. En el centro del edificio hay una gran cúpula redonda. Con 288 pies de altura, el Capitolio es la segunda estructura más alta de la ciudad, después del Monumento a Washington, que mide 555 pies.

Páginas 6–7

Un símbolo del gobierno. Situado en la cima de la Colina del Capitolio, el Capitolio mira hacia la Explanada Nacional y el Monumento a Lincoln. En esta área se han dado importantes discursos, marchas y protestas. Esto ayudó a que el Capitolio se convirtiera en un símbolo del gobierno estadounidense, del pueblo estadounidense y de los principios de la democracia representativa.

Páginas 8–9

La ubicación del Capitolio. Antes de 1790, el Congreso se había reunido en ocho ciudades diferentes. Con el tiempo, el gobierno se dio cuenta de que necesitaba tener una capital nacional. George Washington eligió el lugar para establecer una nueva ciudad capital en 1791. El arquitecto franco-americano Pierre Charles L´Enfant creó un plano para la ciudad, en el que detallaba dónde estarían las calles y los edificios, incluido el Capitolio.

Páginas 10–11

La planificación del Capitolio. El Congreso ofreció $500 y un terreno en la ciudad a quien presentara el diseño ganador para el Capitolio. Concursaron diecisiete personas, pero ninguna fue elegida. Unos meses antes de la finalización del concurso sin ganadores, el Dr. William Thornton presentó su concepto, que resultó ganador. Thomas Jefferson dijo que el plano de Thornton era "simple, noble, hermoso, excelentemente distribuido y moderado en su tamaño" .

Páginas 12–13

El comienzo de la construcción. El diseño de William Thornton tuvo varios cambios antes de comenzar la construcción. Se convocaron a otros arquitectos, entre los cuales se encontraban Stephen Hallet y James Hoban, para trabajar sobre el diseño y supervisar la construcción del edificio. La construcción comenzó en 1793 y el ala norte se terminó en 1800. En ese mismo año, el Congreso, la biblioteca del Congreso, la Corte Suprema y tribunales de distrito inferiores del D.C. comenzaron a funcionar en el edificio.

Páginas 14–15

El incendio. Para 1811, ya se había terminado el ala sur y se había renovado el ala norte para aprovechar mejor el espacio interior. Pero ambas alas se conectaban solo a través de un pasillo de madera. Los planes de continuar la renovación del edificio debieron suspenderse con el comienzo de la Guerra de 1812. En agosto de 1814, los británicos incendiaron el Capitolio.

Páginas 16–17

La reparación del Capitolio. Las reparaciones en el Capitolio comenzaron en 1815. También se hicieron cambios en el interior, como la ampliación de la cámara de Senadores. Para 1819, la cámara de Representantes, el Senado y la Corte Suprema pudieron retomar su trabajo en las alas norte y sur. El sector central, con su cúpula de madera revestida en cobre, se terminó en 1826, y las zonas aledañas, en 1829.

Páginas 18–19

La nueva cúpula. En la década de 1850, se realizaron ampliaciones en las alas que duplicaron la longitud del Capitolio. En 1856, se comenzó a trabajar sobre una nueva cúpula de hierro fundido pero los trabajos se suspendieron en 1861 por la Guerra Civil. Abraham Lincoln ordenó la finalización de los trabajos en el Capitolio ya que éste era un símbolo de la unidad nacional. Los trabajos continuaron en 1862 y finalizaron en 1868.

Páginas 20–21

El Capitolio hoy. Una de las actualizaciones más recientes del Capitolio fue la incorporación del Centro de Visitantes, en 2008. Estas instalaciones subterráneas ocupan casi tres cuartas partes del Capitolio. Es un lugar para que la gente visite y aprenda sobre el Capitolio y los que trabajan allí. Las visitas al Capitolio deben reservarse por anticipado a través del sitio web del centro o de la oficina de algún miembro del Congreso.

Published by Smartbook Media Inc.
350 5th Avenue, 59th Floor New York, NY 10118
Website: www.openlightbox.com

Library of Congress Control Number: 2017961962

ISBN 978-1-5105-3372-1 (hardcover)
ISBN 978-1-5105-3373-8 (multi-user eBook)

Printed in the United States of America in Brainerd, Minnesota
1 2 3 4 5 6 7 8 9 0 22 21 20 19 18

012018
011518

Spanish Project coordinator: Sara Cucini
Spanish Editor: Translation Services USA
English Project coordinator: John Willis
Designer: Ana María Vidal

Every reasonable effort has been made to trace ownership and to obtain permission to reprint copyright material. The publisher would be pleased to have any errors or omissions brought to its attention so that they may be corrected in subsequent printings.

The publisher acknowledges Alamy, Corbis, Getty Images, iStock, Newscom, and Shutterstock as its primary image suppliers for this title.